고정욱 선생님이 들려주는
유관순

고정욱 선생님이 들려주는

유관순

고정욱 글 · 이상권 그림

산하

| 들어가는 말 |

영원히 자랑스러운 그 이름, 유관순

'세상의 절반은 여성이다.' 여러분도 이런 말을 들어 보았겠지요. '너무 당연한 말 아니야?' 어쩌면 이런 생각을 할지도 모르겠네요.

그렇습니다. 세상의 절반은 여성이 차지하고 있습니다. 하지만 오랜 세월 동안 여성들은 제대로 대우받고 평가받지 못했습니다. 그런 까닭에 너무도 당연한 이런 말들이 계속 들려 오는 것이지요.

얼마나 훌륭하고 뛰어난 여성들이 많은지 우리 주변을 보세요. 언제나 여러분을 사랑하고 포근하게 감싸 주는 어머니만 해도 그 누구보다 훌륭한 분입니다. 또한 우리 역사를 보아도 정말 뛰어난 여성들이 많습니다. 그 가운데서 여성들이 정말 커다란 역할을 한 사건이 있었으니 바로 3·1운동입니다.

네루는 인도를 지배하던 영국에 맞서 싸웠으며, 나중에 인도의 초대 수상을 지낸 사람입니다. 치열하게 독립운동을 하다가 여섯 번째로 감옥에 갇혔을 때, 네루는 보고 싶은 딸에게 보낸 편지에 이렇게 썼습니다.

"일본의 통치는 인류 역사에서 가장 비참한 것이지만, 이에 맞서 코리아의 어린 여학생들이 얼마나 중요한 역할을 했는지를 알게 되면 너도 감동할 것이야."

3·1운동 당시 일본은 우리나라를 지배하며 말 못 할 고통을 주었습니다. 그래서 남녀노소 가릴 것 없이 온 나라 사람들이 떨쳐 일어나 독립을 외쳤지요. 여학생들을 비롯한 여성들도 모두 거리로 나와 태극기를 흔들며 큰 소리로 만세를 불렀답니다. 이런 소식은 다른 나라에도 전해졌으며, 네루의 편지는 바로 이 사실을 담고 있는 것이지요.

그런데 그중에서도 가장 뜨겁게 독립 만세를 부르다가 끝내 감옥에서 숨진 소녀가 바로 유관순입니다. 이제 3·1운동이 일어난 지도 거의 100년 가까이 되어 갑니다. 하지만 지금도 한국 사람이라면 누구나 유관순이라는 이름을 알고 있습니다. 요즘 말로 '국민 누나'인 셈입니다.

우리나라의 독립을 위해 가족은 물론 자신의 목숨까지 희생한 소녀 유관순의 이야기를 여러분에게 들려 드립니다. 우리 모두 평화롭고 따뜻하게 살아가는 세상을 만들기 위해 여러분도 꿈을 크게 가져 주면 좋겠습니다.

우뚝한 북한산을 바라보며

고정욱

| 차 례 |

들어가는 말
영원히 자랑스러운 그 이름, 유관순 ● 04

아우내 장터에서 울려 퍼진 아우성 ● 09

타오르는 봉횃불처럼 ● 25

파란 눈의 서양 부인 ● 43

배움의 터전 이화학당 ● 53

고종 황제가 돌아가시다 ● 63

만세 운동에 참여하다 ● 71

고향에서 다시금 ● 89

감옥에서의 투쟁 ● 99

연표 ● 114

아우내 장터에서 울려 퍼진 아우성

아우내는 여러 개의 물줄기가 흘러가며 아우러지는 곳이라고 해서 붙은 이름입니다. 지금은 충청남도 천안시 병천면이며, 아우내는 병천의 옛 이름이지요. 널따란 들판 여기저기에 마을들이 자리하고 있고, 그 둘레로는 매봉산을 중심으로 크고 작은 산봉우리들이 포근하게 감싸고 있는 고장입니다.

1919년 4월을 여는 첫 날. 먼 산봉우리들이 눈에 띄게 푸르러지고, 아우내천을 따라 봄기운이 사방으로 퍼져 나가고 있었습니다. 아우내의 헌병 주재소 소장인 고야마는 아침부터 왠지 마음이 조마조마하고 불안했습니다.

"사람들이 많이 모여드는군. 그런데 느낌이 좋지 않단 말이야."

유리창 밖으로 장터거리를 내다보며 고야마는 혼잣말로 중얼거렸습니다.

닷새마다 열리는 아우내의 장날이었습니다. 멀고 가까운 마을에서 사람들이 장터로 모여들고 있었습니다. 지게에 장작을 잔뜩 짊어진 사람, 보따리를 머리에 이고 있는 여인네들, 호기심 어린 눈으로 엄마 손을 잡고 따라 나선 아이들⋯⋯. 여느 때와 크게 다를 게 없는 모습이었지만, 왠지 이날만은 알 수 없는 긴장감이 크게 느껴졌습니다.

정확하게 한 달 전인 3월 1일, 서울에서 커다란 만세 운동이 일어났습니다. 우리나라의 독립을 일본에게 당당히 요구하고 전 세계에 알리는 사건이었습니다. 지금 그 운동이 온 나라로 퍼져 나가고 있었습니다. 전국의 헌병과 경찰 들에게는 다음과 같은 비상 경계령이 내려졌습니다.

만세를 부르는 조선인들을 모두 체포하라.
저항하면, 죽여도 된다.

보름 전인 3월 14일에는 아우내 장터와 가까운 거리에 있는 목천보통학교에서 백여 명의 사람들이 모여 만세를 부르기도 했습니다. 그런데 오늘은 장날이라. 인근 지역에서 몰려오는 장꾼들과 사람들이 아우내 장터를 가득 메우고 있었습니다.

'남이 장에 가면 나도 간다.'는 옛말이 있습니다. 그건 닷새마다 열리는 장터에 다녀오는 것이 시골 사람들에게는 유일한 낙이었기 때문입니다. 장터에 가면 다양한 소식도 듣고 반가운 사람도 만날 수 있었으니까요.

장에 나온 사람들은 저마다 가지고 나온 물건들을 팔고 사면서 흥정을 하고 있었습니다. 대부분 흰 옷을 입고 있어서, 먼데서 바라보면 흰 물결이 일렁이는 것만 같았습니다. 그런데 그 물결 안에서 노랑 저고리에 남색 치마를 입은 소녀 하나가 사람들마다 붙잡고 작은 목소리로 소곤대고 있었습니다.

"이따가 태극기가 보이면 일제히 만세를 부르세요."

"알았어. 알았어."

사람들의 품속에는 학생들과 여자들이 밤새도록 정성껏 만든 태극기가 숨겨져 있었습니다. 일을 마치고 일찍이 들어가려던 사람들도 동네 사람들이 말리는 통에 장에 계속 머물러 있었습니다.

"여보게, 오늘 만세 부를 거야. 들어가면 안 돼!"

"오, 알았네. 나도 만세 불러야지."

사람들 사이를 뚫고 다니던 소녀는 유관순이었습니다. 여차하면 옷을 벗어 변장을 하기 위해, 세 겹씩이나 옷을 껴입고 있었습니다.

장터는 여느 때처럼 북적댔지만, 그 안에는 화산이 터질 것 같은 강한 기운이 가득 차 넘실대고 있었습니다. 유관순의 아버지인 유중권과 어머니 이소제를 포함한 같은 마을 사람들도 모두 아침밥을 든든히 먹고 아우내 장터로 걸어왔습니다. 이유는 단 하나, 일본 경찰과 헌병들이 보는 앞에서 만세를 외치기 위해서였습니다. 만세 소리가 온 나라에 울려 퍼지면 우리나라가 일본의 손아귀에서 벗어나 독립할 수 있을 것 같았습니다.

오후 한 시가 지날 무렵에는 사람들이 더 이상 들어올 수 없을 정도로 장터거리가 가득 찼습니다. 그때였습니다. 유관순이 살던 지령리 마을의 조인원이라는 사람이 긴 대나무 장대에 매단

커다란 태극기를 장터 한가운데에 우뚝 세웠습니다. 누가 보아도 잘 보이는 위치에서 봄바람에 휘날리는 태극기를 보자 사람들은 울컥했습니다.

"아, 태극기다!"

태극기만 보고도 감격하여 흐느끼는 소리들이 들렸습니다.

조인원은 태극기를 꽂은 장대를 들고 쌀가마니를 쌓아둔 곳 위에 높이 올라가서 독립선언문을 우렁차게 읽기 시작했습니다. 사람들은 귀를 있는 대로 열고 낭독을 들었습니다.

"오늘 우리의 행동은 정의·인도·생존·존영을 위하는 민족적 요구이니 자유 정신을 발휘할 것이고, 결코 배타적 감정으로 치닫지 말라. 마지막 한 사람에 이르기까지 마지막 한 순간에 다다를 때까지 민족의 정당한 의사를 시원스럽게 발표하라. 모든 행동은 먼저 질서를 존중하여 우리의 주장과 태도를 당당하게 하라."

독립선언문 낭독이 끝나자 사람들은 커다란 파도가 일렁이듯 앞으로 움직이며 하늘과 땅이 울리도록 일제히 만세를 불렀습니다.

"조선 독립 만세! 조선 독립 만세!"

1897년 고종 황제는 나라 이름을 대한제국으로 바꾸었지만, 아직까지 사람들에게는 조선이라는 말이 더 익숙했습니다. 그래서 독립선언문에도 조선과 조선인이라는 표현이 사용되었습니다.

흰옷을 입은 수천 명의 사람들이 울긋불긋하게 태극이 그려진 깃발을 흔드는 모습은 그야말로 장관이었습니다. 1910년에 일본에게 나라를 빼앗긴 뒤로 사람 대접을 제대로 받지 못했던 울분이 한꺼번에 터져 나오는 것이었습니다. 목이 터져라 만세를 부르자 마음속에 있던 응어리들이 풀리는 것 같았습니다. 만세꾼들은 골목골목을 누볐습니다. 이렇게 만세를 부르면 나라의 독립이 곧 다가올 것만 같았습니다.

시장에서 불과 몇십 발자국 떨어진 곳에 위치한 헌병 주재소에서 이런 소리를 들은 고야마는 자리에서 튀어 오르듯 일어나며 소리쳤습니다.

"체포해라! 조센징(일본인들이 우리나라 사람을 낮추어 부르던 말)들이 폭동을 일으킨다!"

이내 총과 칼로 무장한 헌병들이 우르르 달려 나갔습니다.

"해산하라! 어서 돌아가라!"

헌병들이 아무리 고함을 쳐도 만세를 부르는 사람들 가운데 어느 누구도 돌아갈 기미를 보이지 않았습니다. 이대로 돌아가거나 만세 부르기를 포기한다면 우리나라의 독립이 물 건너갈 것만 같았기 때문입니다.

그러자 꼼짝하지 않는 사람들의 기세에 질린 고야마는 명령을 내렸습니다.

"베어라!"

헌병들은 일제히 기다란 칼을 뽑아 닥치는 대로 사람들을 베고 찌르기 시작했습니다. 사방에 피가 뿌려지고 흰옷이 붉게 물드는 것을 본 사람들은 흥분했습니다.

"저놈들이 사람을 찔렀다!"

"이대로 당할 수는 없다!"

파도처럼 밀려오는 사람들 앞에서 총이나 칼은 아무 소용이 없었습니다. 무기도 없는 사람들이지만. 발밑에 깔리면 죽을 수도 있는 다급한 상황이었습니다.

"어서 후퇴하라!"

고야마는 다급히 헌병 주재소로 몸을 피했습니다. 헌병들이 몸을 숨기자. 만세를 부르던 사람들은 돌멩이를 집어 던지며 거세게 항의했습니다.

"평화로운 시위에 총칼을 쓰다니."

화가 난 사람들이 빗발치듯 던지는 돌멩이에 주재소의 유리창

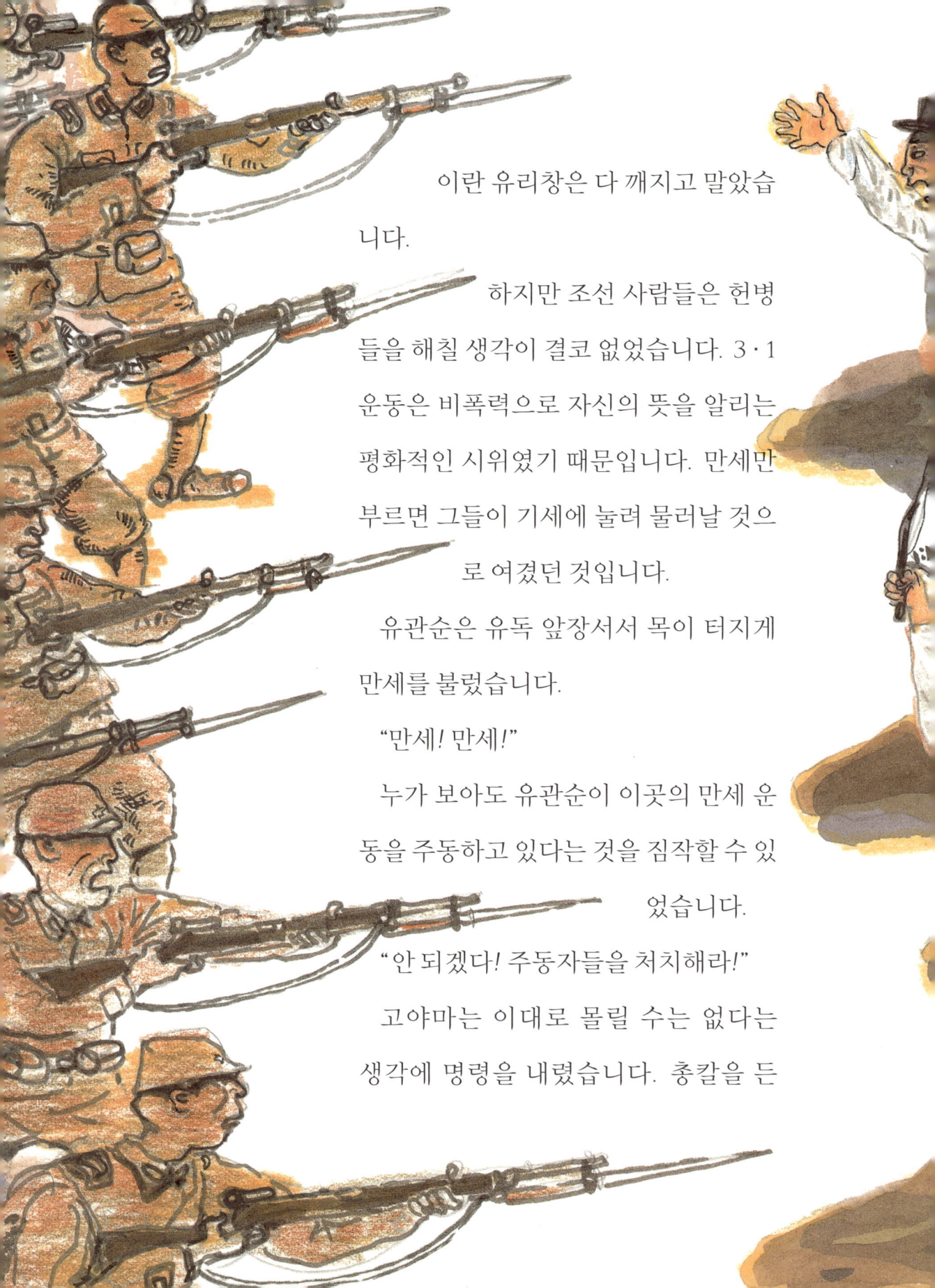

이란 유리창은 다 깨지고 말았습니다.

하지만 조선 사람들은 헌병들을 해칠 생각이 결코 없었습니다. 3·1 운동은 비폭력으로 자신의 뜻을 알리는 평화적인 시위였기 때문입니다. 만세만 부르면 그들이 기세에 눌려 물러날 것으로 여겨졌던 것입니다.

유관순은 유독 앞장서서 목이 터지게 만세를 불렀습니다.

"만세! 만세!"

누가 보아도 유관순이 이곳의 만세 운동을 주동하고 있다는 것을 짐작할 수 있었습니다.

"안 되겠다! 주동자들을 처치해라!"

고야마는 이대로 몰릴 수는 없다는 생각에 명령을 내렸습니다. 총칼을 든

헌병들은 다시 주재소에서 뛰쳐나와 맨 앞에 있는 시위 주동자들을 찌르고 칼을 휘둘렀습니다.

유관순은 앞장서서 태극기를 흔들다가 그만 칼에 맞았습니다. 헌병 하나가 깃대를 칼로 쳐서 부러뜨린 다음, 총 앞에 꽂은 칼로 옆구리를 찔러 버린 것입니다.

"아악!"

유관순이 쓰러졌습니다. 관순이 피를 흘리며 정신을 못 차리자, 헌병이 머리채를 잡고 질질 끌었습니다.

"이 못된 년 같으니!"

헌병들은 우리나라 사람들이 시위를 하거나 저항을 하면 잔인하게 진압하도록 교육을 받았습니다. 그래야 그걸 본 사람들이 두려움에 떨게 되니까요. 곧이어 총소리가 나기 시작했습니다.

"탕!"

"타당!"

시위 군중들이 피를 보고 기가 꺾였다고 생각했는지, 헌병들은 마구 총칼을 휘두르며 밀어붙였습니다.

그러자 유관순이 피를 흘리는 것을 보고 달려온 아버지 유중권이 소리쳤습니다.

"관순아, 어서 피하자. 어서 정신을 차려라!"

유중권이 관순이를 부축하는 순간이었습니다. 또 다른 헌병이 유중권의 옆구리에 칼을 깊이 찔러 넣었습니다.

"으윽!"

헌병은 쓰러진 유중권의 머리도 칼로 찔렀습니다. 유중권은 그대로 피를 흘리며 정신을 잃었습니다. 헌병이 아버지에게 총까지 겨누자, 유관순은 그 앞에 몸을 던졌습니다.

"쏘지 마! 쏘지 마!"

두려워하던 사람들이 이 모습을 보고 다시 몰려들었습니다. 꺼져 가던 불에 기름 부은 것처럼 사람들이 다시 들끓기 시작했습니다.

"사람을 살려라! 사람을 살려 내라!"

사람들은 쓰러진 유중권을 들쳐업고 주재소로 물밀듯이 들이닥쳤습니다.

"사람을 살려 내라! 살려 내!"

다른 사람들은 천안에 있는 본부로 연락을 하지 못하도록

주재소의 전화선을 끊었습니다. 하지만 이미 천안 헌병대에서 연락을 받은 뒤였습니다. 소식을 듣고 달려온 지원대가 총을 쏘기 시작하자. 사람들이 여기저기서 픽픽 쓰러졌습니다. 이제 시위에 나선 사람들이 썰물처럼 흩어지기 시작했습니다. 불을 뿜는 총구 앞에서 어쩔 도리가 없었던 것입니다.

헌병대는 시위대를 체포했습니다. 주변에 있던 사람들은 몸부림치는 유관순의 손을 잡아끌었습니다. 이대로 가다가는 헌병들에게 체포될 것이 뻔했기 때문입니다. 일단은 몸을 피하는 것이 우선이었습니다.

'이대로 잡혀갈 수는 없어.'

유관순은 입고 왔던 노랑 저고리와 남색 치마를 벗어 흰색 저고리에 검은 치마로 변장을 했습니다. 이를 악물고 눈물을 훔치며 관순은 흩어지는 사람들 사이로 끼어들었습니다.

타오르는 봉홧불처럼

유관순은 부상당한 몸으로 마을로 돌아왔습니다. 아우내 장터에서 마을까지는 그리 멀지 않았습니다. 만세에 참여했던 사람들의 부축을 받아 집으로 돌아왔지만, 이미 관순의 머릿속은 하얗게 비어 있었습니다.

"관순아, 어쩌면 좋으냐? 아버지 어머니가……."

아버지뿐만 아니라 어머니까지도 희생당했습니다. 두 분의 시신을 옮겨 온 사람들은 유관순을 걱정했습니다. 헌병들이 곧 잡으러 올 것만 같았기 때문입니다. 이대로 집에서 부모님의 죽음을 슬퍼하고 있을 시간조차 없었습니다.

"너라도 몸을 피해라. 우리가 부모님을 챙기마."

마을의 어른들이 말했습니다.

"그래, 어서 피해."

친구들도 관순에게 빨리 피신할 것을 권했습니다. 옆구리의 상처에서 계속 피가 흘렀지만, 집에서 계속 머물다가 잡혀가는 것은 의미가 없었습니다. 어둠을 틈타 관순은 조용히 집에서 나왔습니다. 낮 동안의 흥분은 아직도 가라앉지 않고 있었습니다.

관순은 친구들 집으로 가서 몸을 피할까 생각해 보았습니다. 하지만 섣불리 찾아갔다가는 친구나 이웃들까지 위험해집니다. 그렇게 되는 걸 관순은 원치 않았습니다. 그러다가 떠오른 것이 산꼭대기에서 봉화대를 지키는 봉수꾼의 집이었습니다.

'그래, 그리로 가는 거야.'

힘겹게 산을 오른 관순은 봉화대 옆의 움막으로 들어갔습니다. 봉수꾼 집 딸은 어린 시절 함께 뛰어놀던 친구였습니다.

"윤옥아!"

아버지 어머니와 함께 방 안에 있던 윤옥이 달려 나왔습니다.

"어머, 관순이 아니니?"

"나 좀 숨겨 줘."

봉수꾼들은 마을에서 외톨이와 비슷했습니다. 언제든 신호가 오면 바로 불을 지펴야 하기 때문에 산에서 살았습니다. 보통 때에는 나무를 하거나 산짐승을 잡으며 살다가, 위급한 일이 생기면 바로 봉화를 올렸습니다.

"나도 소식 들었어. 만세를 불렀다며? 정말 내 가슴이 다 후련하다. 어서 들어와!"

관순의 손을 잡고 방으로 들어간 윤옥이는 관순의 상처를 보고 깜짝 놀랐습니다.

"어머, 너 다쳤구나!"

"응, 심하지는 않아."

윤옥의 아버지인 봉수꾼 신 서방이 말했습니다.

"아니다, 바로 치료해야겠다."

신서방은 관순의 허리에 동여맸던 헝겊을 풀어 내고, 지혈을 하기 위해 상처에 오징어뼈 가루를 뿌렸습니다. 그런 다음, 다시 깨끗한 헝겊을 찢어서 허리에 감아 주었습니다.

"이런, 어쩌니? 피가 계속 배어 나온다."

"괜찮아. 꽉 묶고 있으면 될 거야."

욱신욱신한 상처의 고통을 참으며 관순은 자신의 처지를 말했습니다.

"우리 아버지와 어머니가 모두 돌아가셨어."

"어머, 세상에!"

"왜놈들 총칼에······, 흑흑흑!"

관순은 소리 죽여 흐느끼며 눈물을 뚝뚝 흘렸습니다. 듣고 있던 윤옥의 부모도 눈물을 닦았습니다.

"우리 관순이가 불쌍해서 어쩌니?"

두 소녀는 서로 부둥켜안고 한참을 울었습니다. 얼마 뒤, 관순이 눈물을 닦고 마음을 가라앉히며 말했습니다.

"몸이 나으면, 바로 만세 운동을 계속할 거야."

"그래. 걱정하지 마. 여기는 산속이라 일본 놈들도 잘 찾아오지 않는 곳이야. 얼마든지 있어도 돼. 하지만 그래도 모르니까 창고에 숨어!"

봉수꾼 집의 창고는 땔감으로 가득했습니다. 언제든 연기를 지펴야 하기 때문에 나무와 불쏘시개가 가득했고, 마른 말똥도

있었습니다. 말똥은 연기가 많이 나고 똑바로 올라가기에, 낮에는 봉홧불 대신 사용했습니다. 윤옥이는 창고 한쪽에 쌓여 있던 나뭇가지들을 치우고 관순이가 눕기 편하도록 자리를 만들어 주었습니다.

관순이 쉴 수 있도록 윤옥이가 문을 닫고 나가자. 땔감 창고는 어둠으로 가득 찼습니다. 관순은 창고 바닥에 누운 채로 부모님을 떠올리며 하염없이 울었습니다.

며칠이 지났습니다. 윤옥이가 죽을 끓여와 관순에게 먹였습니다. 관순은 온몸에 열이 펄펄 끓고 있었습니다. 균이 들어갔는지 상처난 곳에 염증이 생겨 고름이 줄줄 나오고 있었습니다. 하지만 윤옥이의 지극한 간호로 조금씩 몸이 좋아지는 것 같기도 했습니다.

"마을은 어때?"

관순이 윤옥에게 바깥소식을 물었습니다.

"지금 사람들을 마구 잡아 가고 있어."

"우리 아버지 어머니는?"

"아직 장례도 못 치르고 있어. 일본 놈들 때문에."

그 얘기를 들은 관순은 또다시 눈물을 쏟았습니다. 돌아가신 부모님도 제대로 모시지 못하는 자신의 처지가 한스러웠습니다. 하지만 오빠가 알아서 잘 할 거라고 믿을 수밖에 없었습니다.

"만세 운동은 계속 하고 있어?"

"그게……."

"말해 줘."

"사실은 그때 만세 운동을 한 뒤로 끝이야."

"저, 정말이야?"

관순은 뒤통수를 맞은 느낌이었습니다.

"응. 사람들이 무서워서 모두 덜덜 떨고 있어. 일본 헌병과 순사가 많지 않은데도, 포수를 피해 덤불에 머리 박고 숨은 까투리처럼 사람들이 무서워만 하고 있다는 거야."

관순은 분했습니다. 아우내 장터가 터져 나가게 만세 소리를 외치던 게 엊그제인데, 벌써 그 열기가 사그라진다는 건 말이 안 되는 일이었습니다.

"안 되겠어. 나라도 다시 나서야겠어."

"너는 지금 몸이 안 좋잖아. 몸이 낫거든 해."

벌떡 일어나려던 관순은 다시 그 자리에 주저앉았습니다. 생각보다 상처가 깊었고 빨리 낫지 않았기 때문입니다.

"으익!"

옆구리가 아파서 주저앉자, 윤옥은 다시 자리를 잡고 관순이를 눕혔습니다.

"먼저 몸을 추슬러야 해. 하루 이틀 만에 우리나라가 독립되는 게 아니잖아."

틀린 말이 아니었습니다. 하지만 관순은 이대로 누워 있을 수 없었습니다.

"윤옥아, 나 이대로 있을 수만은 없어. 다시 만세 운동에 불을 지펴야 해. 너에게 신세 많이 졌다. 우리나라가 독립하거든 꼭 만나자."

"어쩌려고?"

"다시 사람들을 모아야겠어."

관순은 입술을 꼭 깨물었습니다. 관순은 그날로 밤을 도와 산을 넘어갔습니다. 낮에도 다니기 힘든 험한 산을 넘어가며 관순은 이웃마을로 찾아다녔습니다. 부상당한 상처가 아물기 전인데도 말입니다.

"어르신, 어르신!"

밤이 깊은 시간인데, 어느 기와집의 대문을 누군가가 두드렸습니다.

"누구냐?"

"관순입니다."

집 안에 있던 사람들이 놀라 달려 나왔습니다. 죽은 줄로만 알았던 관순이 나타났기 때문입니다.

"아이고, 네가 살아 있었구나!"

"몸은 괜찮으냐?"

어른들이 걱정스럽게 묻는데도, 관순은 오히려 그들 걱정을 했습니다.

"어르신, 이 마을에는 피해가 없습니까?"

마을에서 가장 어른인 유 영감은 얼굴을 돌렸습니다.

"말도 마라. 지금 일본 놈들이 와서 만세 부른 사람을 모조리

잡아다 족치고 있다."

 관순은 정신이 아뜩해지는 것만 같았습니다. 독립하겠다고 만세 부른 일밖에 없는데, 악독한 일본인들은 이렇게 모진 고통을 주고 있었던 것입니다.

 "이대론 안 됩니다. 다시 만세 운동을 일으켜야 합니다. 이렇게 사그라지면 우리는 그대로 죽습니다. 날짜를 정해 또다시 만세를 불러야 합니다."

 "하지만 다들 겁에 질려 있단다."

 "어르신, 걱정하지 마십시오. 제가 앞장을 서겠습니다. 다른 마을 사람들과 의논한 뒤 날짜를 받아서 한 번 더 만세를 불러야 합니다. 이번에는 억울하게 옥에 갇힌 사람들도 반드시 구해 내겠습니다."

 이번에는 반드시 만세 운동을 성공시키겠다고 관순은 굳게 마음먹고 있었습니다.

 "그래, 알았다. 네가 다시 연락을 주면 우리도 움직여 보마."

 이웃마을의 어른들이 고개를 끄덕였습니다.

 관순은 이 마을 저 마을로 산을 넘어 다니며 다시 만세 운동을 일으키려고 애를 썼습니다. 하지만 사람들은 잔뜩 기가 죽어 있었습니다. 친척들이 여러 명씩 잡혀가서 모진 고문을 받고 있었기 때문입니다.

그러던 어느 날, 관순이 또 다른 마을로 접어들 때였습니다. 깊은 밤인데도 개들이 짖는 소리가 여기저기에서 들렸습니다. 그러나 관순은 개의치 않았습니다. 돌아오는 장날에 만세를 불러서 일본의 등골을 오싹하게 할 생각에만 골똘했던 것입니다.

하지만 관순이 만세 운동을 준비하기 위해 이 마을 저 마을로 다닌다는 소문은 이미 알게 모르게 퍼져 있었습니다. 아픈 허리를 부여잡고 관순이 어느 마을에서 가장 큰 기와집 뒷문을 두드릴 때였습니다.

"계세요? 접니다. 관순입니다."

그때, 몰래 숨어 있던 일본 헌병들이 어둠 속에서 모습을 드러냈습니다.

"유관순, 게 섰거라!"

뒤를 돌아다보니 일본 헌병들이 자신에게 총을 겨누고 있었습니다.

"드디어 잡았다!"

"이 여우같은 것!"

헌병들은 다짜고짜 관순의 머리끄덩이를 잡고 발길질을 했습니다. 아물어 가던 옆구리의 상처가 다시 터지면서 관순은 땅바닥으로 쓰러졌습니다. 눈에서 퍼런 불이 쏟아져 나오는 것만 같았습니다.

"날 죽여라! 죽여!"

관순이는 악에 바쳐 소리를 질러 댔습니다.

관순이 잡혀서 아우내로 끌려올 무렵에는 동쪽 산 위로 해가 떠오르고 있어 사람들이 논밭으로 일하러 가는 모습이 보였습니다. 꽁꽁 묶여서 걷다가 쓰러지고 걷다가 쓰러지던 관순은 자기를 지켜보는 사람들에게 외쳤습니다.

"조선 독립 만세!"

그걸 본 사람들은 돌아서서 눈물을 흘렸습니다. 다시 터진 상처에서 피가 흘러 길바닥을 적시고 있는 관순의 모습이 너무 가여워서 도저히 볼 수가 없었기 때문입니다. 이미 머리는 헝클어질 대로 헝클어지고 온몸이 흙투성이였습니다.

관순은 헌병 주재소 유치장에 내동댕이쳐졌습니다.

"너 때문에 우리가 얼마나 고생을 했는지 알아?"

"이제 속이 다 후련하네!"

쇠창살문을 닫고 헌병들이 돌아서며 큰 소리로 웃었습니다.

하지만 관순은 이대로 주저앉을 수 없다고 생각했습니다. 이제

부터는 옥에서라도 싸워야겠다고 마음을 가다듬었습니다. 옥에서 죽겠다고 결심한 것입니다. 어차피 밖에 나간대도 이 세상에는 반겨줄 부모님도 없었습니다.

얼마 뒤, 유관순은 꽁꽁 묶인 채로 천안 헌병대로 끌려갔습니다.

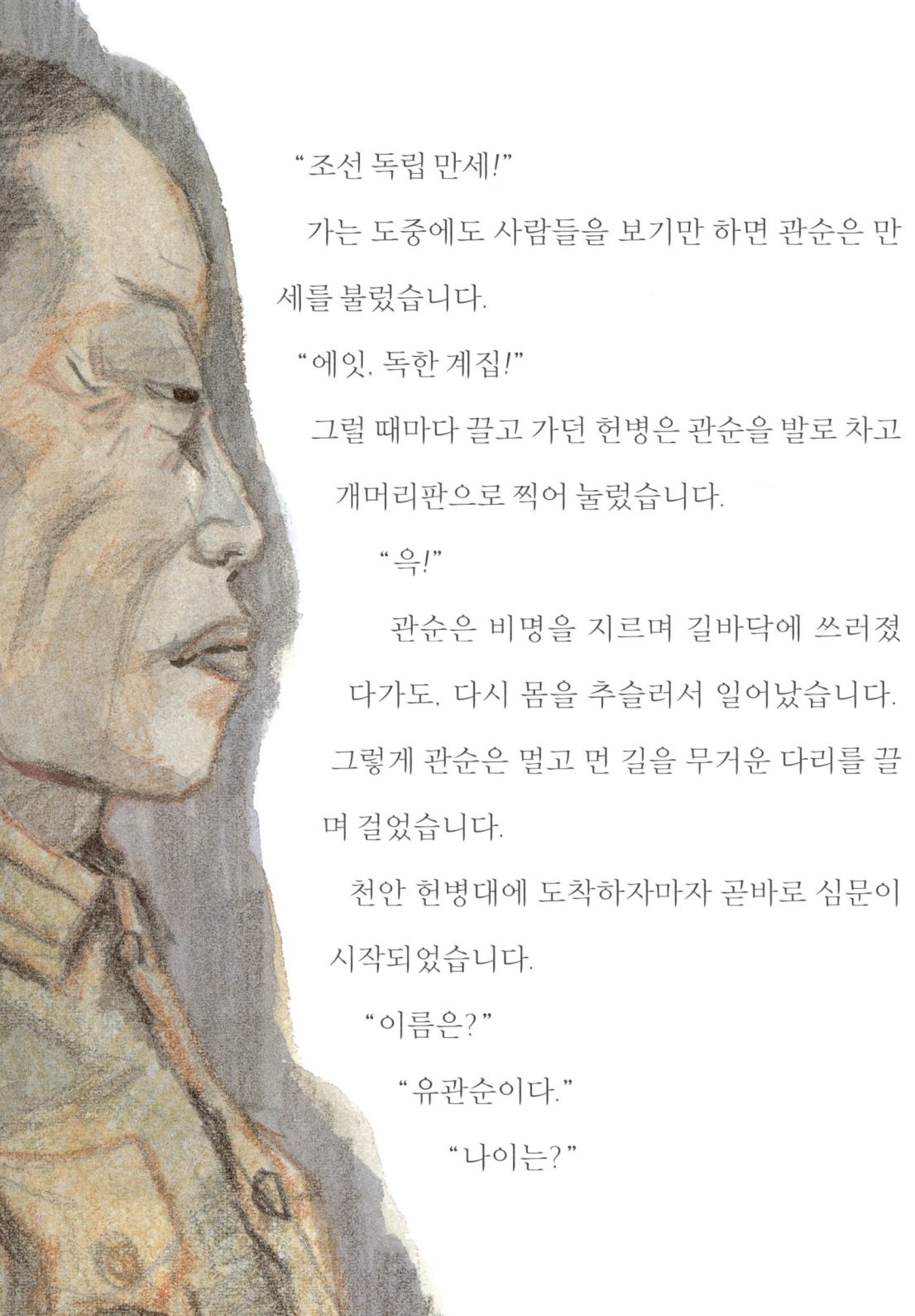

"조선 독립 만세!"

가는 도중에도 사람들을 보기만 하면 관순은 만세를 불렀습니다.

"에잇, 독한 계집!"

그럴 때마다 끌고 가던 헌병은 관순을 발로 차고 개머리판으로 찍어 눌렀습니다.

"윽!"

관순은 비명을 지르며 길바닥에 쓰러졌다가도, 다시 몸을 추슬러서 일어났습니다. 그렇게 관순은 멀고 먼 길을 무거운 다리를 끌며 걸었습니다.

천안 헌병대에 도착하자마자 곧바로 심문이 시작되었습니다.

"이름은?"

"유관순이다."

"나이는?"

"열일곱."

일본 헌병 앞에서 관순은 당당했습니다. 부모님은 이미 돌아가셨고 자신은 체포된 몸이기에, 이젠 더 이상 아쉽거나 잃을 것도 없었습니다.

"어쩌다 만세를 부르는 못된 만세꾼이 되었는가?"

"조선의 독립을 위해서다."

관순은 이를 악물며 자신을 조사하는 헌병을 노려보았습니다. 헌병은 한동안 관순을 노려보더니 고개를 절래절래 흔들었습니다. 관순은 더 이상 대답을 하지 않았습니다.

관순은 입술을 깨물며 지긋이 눈을 감았습니다. 관순의 생각은 이제 어린 시절로 돌아가고 있었습니다.

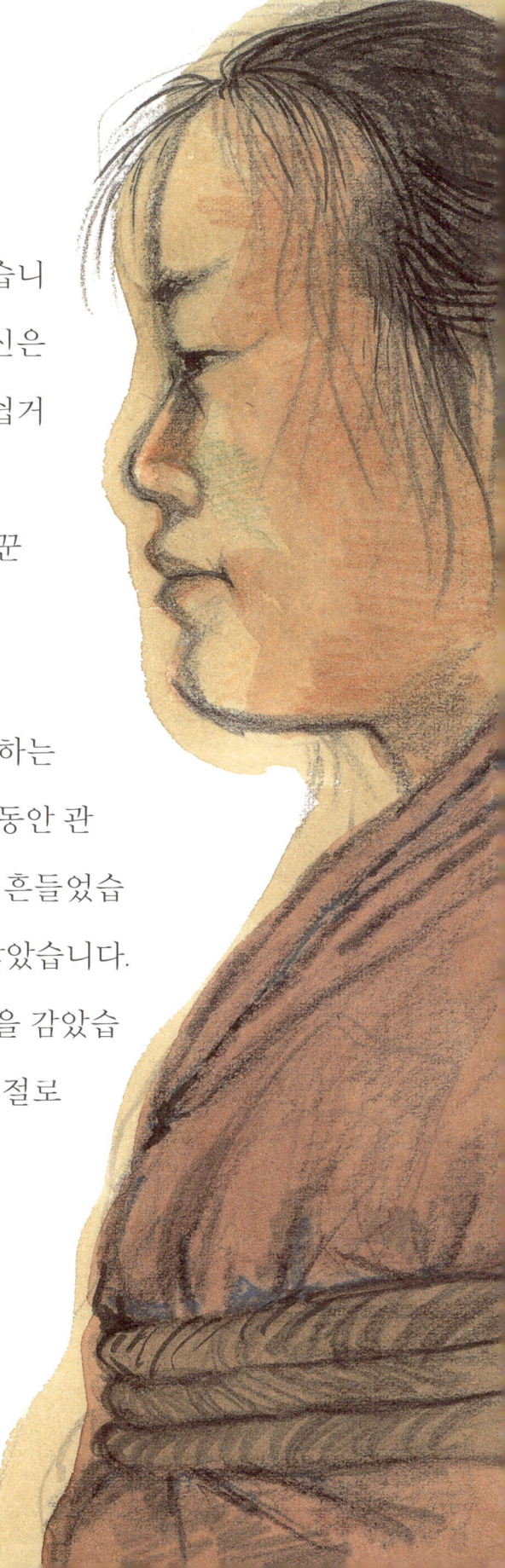

파란 눈의 서양 부인

1902년 12월 16일, 찬바람이 불어오던 겨울이었습니다. 충청남도 목천군 이동면 지령리(지금의 천안시 동남구 병천면 용두리)에서 한 아이의 울음소리가 힘차게 울렸습니다.

"응애! 응애!"

유중권과 이소제 부부가 딸 관순이를 낳은 것입니다. 조국이 위기에 처한 순간에 나라를 지키라는 운명을 타고난 것처럼 어린 관순은 태어났습니다.

아버지인 유중권이 기쁨과 아쉬움이 함께 담긴 표정으로 말했습니다.

"사내아이로 태어났으면 좋을 뻔했구나. 하지만 여자도 얼마든지 나라를 위해 일할 수 있지. 암."

유관순의 집은 뒤로는 매봉산이 감싸고 있고, 앞으로는 너른 들판이 펼쳐져 있었습니다. 관순의 고향 마을에서 가까운 곳에 천안읍이 있었습니다. 이 지역은 나라에 어려움이 있을 때마다 지배 세력이 바뀌는 곳이었습니다. 삼국 시대에는 고구려와 백제가 뺏고 빼앗기는 땅이었으며, 그 뒤에는 후백제와 고려의 세력이 겹쳤던 곳입니다. 천안(天安)이라는 이름도 이곳이 아주 안전한 곳이 되어 주기를 바라는 소망을 담아 지은 이름이었습니다.

이렇게 변화를 자주 겪다 보니, 이곳 사람들은 세상 돌아가는 일에 관심이 많았습니다. 잘못된 정치나 못된 벼슬아치들에게 저항하는 기질도 강했습니다.

관순은 자라면서 이웃집 아이들과 함께 친하게 지냈습니다.

"동순아, 놀자!"

관순이가 작대기 하나를 들고 동순이의 집 앞에 찾아왔습니다. 동순은 얼굴이 고왔습니다. 걱실걱실한 관순은 동순이가 예뻐서 약간 샘도 났습니다. 물을 마시려고 둘이 냇가에 엎드렸을 때였습니다. 물 위에 비친 얼굴을 보고는 동순이 관순에게 놀리듯 말했습니다.

"자, 봐. 내 얼굴이 더 예쁘지?"

"아니야."

"뭐가 아니야? 내가 더 예뻐!"

"그런 말 하지 마!"

관순이가 퉁명스럽게 말했습니다.

"내가 예쁘지? 예쁘다고 말해."

"싫어. 암말도 하지 마."

관순은 자존심이 셌습니다. 동순이 더 예쁘다는 걸 결코 인정하지 않았습니다. 잠시 잊었다는 듯 동순이 말했습니다.

"괜찮아. 너는 그 대신 마음씨가 나보다 예쁘잖아."

그 말을 듣고 유관순은 비로소 표정이 풀렸습니다.

"너는 커서 뭐가 될 거니?"

조금 뒤, 풀밭에서 함께 뒹굴다가 동순이 물었습니다. 관순이 말했습니다.

"나는 크면 대장이 될 테야."

"여자인데도 대장이 되니?"

"그럼 왜 못 돼? 대장 될 수 있지. 사내아이들도 나를 못 이기잖아."

이렇듯 관순은 어릴 때부터 씩씩하고 활달한 성격을 가지고 있었습니다.

어쩌다가 봉화대에서 불이 올라올 때가 있었습니다. 낮에는 연기로, 밤에는 불꽃으로 신호를 보내는 것이었습니다. 맞은편 봉화대서도 차례로 불과 연기가 올라가며 줄줄이 신호 보내는 것을 보면서 관순은 생각했습니다.

"봉홧불을 보면 나는 가슴이 뛰더라. 나라를 위해 봉수꾼들이 밤을 새면서 신호를 보내는 거잖아."

"맞아!"

봉수꾼의 딸인 윤옥이와 관순이는 그때부터 알고 지내게 되었던 것입니다. 하지만 산에서 사는 윤옥이는 마을에 잘 내려오지 못했습니다.

관순의 어린 시절은 일본이 우리나라를 힘으로 눌러 식민지로 만들던 시기였습니다. 그래서 뜻이 있는 사람들은 아이들을 잘 기르고 힘을 키워서 빨리 독립을 하고 싶어 했습니다.

당시의 교회는 그런 이야기를 많이 나누던 곳이었습니다. 육촌 할아버지 유승백이 지은 교회가 집 옆에 생기자, 관순은 날마다 그 교회에 가서 살다시피 했습니다. 관순은 교회에 다니면서 찬송가를 배우고 기도도 많이 했습니다.

어느 날, 이 교회에 서양 여성이 찾아왔습니다. 파란 눈을 가진 샤프 부인이었습니다. 사람들은 그 여성을 사 부인이라고 불렀습니다. 남편인 로버트 아더 샤프 목사가 전도를 하다가 병에 걸려 죽자, 사 부인은 미국으로 돌아갔습니다. 하지만 남편이 묻혀 있는 조선 땅을 잊지 못해, 두 해 뒤인 1908년 다시 돌아와 선교 활동과 교육 사업에 전념했던 것입니다. 충청도 공주 지역을 중심으로 젊은 시절부터 30년 넘게 열과 성을 바쳐 온 사 부인은 눈이 반짝이는 관순을 유심히 바라보았습니다.

"아주 총명하게 생겼구나. 나와 함께 가서 공부를 하면 어떻겠니?"

관순은 가만히 고개를 끄덕였습니다.

사 부인은 똑똑한 아이들을 공부시켜 나라를 다시 일으킬 훌륭한 인재로 만드는 일이 필요하다고 생각했습니다. 그래서 관순의 아버지에게 말했습니다.

"관순이를 저에게 맡겨 주시면, 훌륭한 인재로 키우겠습니다."

민족정신에 불타오르던 아버지였습니다. 딸이 나라를 위해 소중히 쓰인다는데 반대할 이유가 없었습니다.

"사 부인, 잘 부탁드립니다."

그리하여 관순은 보따리를 싸서 사 부인을 따라 길을 떠났습니다.

"아버지, 어머니, 안녕히 계세요."

집을 떠나기 전에 관순은 큰절을 올렸습니다.

"그래, 열심히 공부해서 꼭 훌륭한 사람이 되도록 해라."

어머니는 눈물을 닦았지만 기쁜 얼굴이었습니다. 이젠 여자도 공부를 하고 사회 활동을 해야 한다는 사실을 잘 알고 있었기 때문입니다.

그리하여 관순은 공주에서 영명학교를 한 해 정도 다녔습니다. 그러다가 관순은 다시 사 부인의 추천으로 이화학당으로 옮기게 되었습니다. 영명학교에 다닌 것을 인정받아 서울에 있는 이화학당 보통과 2학년으로 편입을 하게 된 것입니다. 이때가 1916년이었습니다(1915년이라는 주장도 있습니다).

"관순아, 잘 되었다. 이화학당에서 너에게 장학금을 주기로 했어."

"저, 정말이요?"

"그래, 교비생이 되었단다."

사 부인과 관순은 얼싸안고 펄쩍펄쩍 뛰었습니다. 교비생은 장학생의 다른 이름이었습니다. 당시 이화학당에서 교비생은 17명에 불과했습니다. 관순은 보따리를 챙겨 기차를 타고 서울로 향했습니다.

배움의 터전 이화학당

"이 학생은 어느 촌에서 왔나?"

이화학당 수위인 이 서방은 촌티가 더덕더덕 나는 관순을 보자 빙긋 웃으며 놀렸습니다. 그 말을 들은 관순은 얼굴이 붉어지면서도 발끈했습니다.

"조선 천지에 촌 아닌 곳 있나요?"

"어이쿠. 학생이 아주 당돌한 걸. 맞아. 다 촌이지."

이 서방은 관순이 기죽지 않고 당돌한 것이 맘에 들었습니다.

"너는 학교생활 잘하겠다. 아무 걱정 없겠어."

관순은 두근거리는 가슴을 진정시키며 이화학당 교무실에

들어섰습니다. 이화학당의 교장은 미스 플라이라는 여성이었습니다. 머리는 금발이고 파란 눈을 가졌으며, 체격이 크고 당당했습니다. 미스 플라이는 20년 넘게 한국에서 생활했고, 이화학당에서도 15년 동안 교사로 일했기에 우리말이 유창했습니다.

"오, 관순 학생. 내가 샤프 여사에게 얘기 많이 들었어요. 공부 열심히 하고, 말 잘 들어야 됩니다."

"네. 선생님. 모르는 것이 많더라도 잘 가르쳐 주세요."

관순은 기숙사로 안내받았습니다. 기숙사는 방 하나에 여덟 명이 함께 쓰도록 되어 있었습니다. 낯선 선배들과 만날 생각에 쭈뼛거리며 문을 열고 들어서자, 바느질을 하고 있던 학생 하나가 반갑게 맞이했습니다.

"어머, 관순이 아니니?"

"어머, 언니!"

그 사람은 관순보다 먼저 이화학당에 와서 공부하고 있던 사촌 언니 유예도였습니다.

"반갑다, 얘!"

"나도!"

둘은 붙잡고 팔짝팔짝 뛰었습니다. 그러자 옆에 있던 방 안의 동무들이 반갑게 맞아주었습니다.

"관순아. 반가워. 나는 이정수야."

"나는 순분이."

서로들 정답게 인사를 나누었습니다.

"내가 기숙사 구경을 시켜 줄게."

예도 언니의 말에 관순이 따라나섰습니다.

"이곳이 식당이야. 함께 모여서 밥을 먹는단다."

뒤로 머리를 단정하게 땋고 한복을 입은 학생들이 복도를 오고 갔습니다. 액자에는 깔끔한 붓글씨로 쓰여 있었습니다.

모든 일을 단정히 하고 규칙을 따라 행하라.

학교 이곳저곳을 구경한 관순은 가슴이 설레었습니다.

"여기선 아침 일곱 시에 종을 치니까. 그때 일어나서 방을 잘 쓸고 닦아 깨끗이 해야 돼."

이화학당에서는 오전 8시에 식당에 모여 함께 아침밥을 먹고,

8시 20분부터 오후 4시까지 수업을 받았습니다. 그리고 오후 5시에 저녁을 먹고, 7시에 기도회를 열었습니다. 그리고 저녁 9시가 되면 등불을 끄고 잠자리에 누웠습니다.

본격적으로 공부를 하게 된 관순은 날마다 배우는 것을 마치 마른 땅이 빗물 받아들이듯 했습니다. 당시 수업은 다양했습니다. 성경 시간이 매일 있었고, 조선어와 일본어뿐만 아니라 한문과 산술, 도화(미술), 재봉, 수예, 체조 등을 공부하도록 되어 있었습니다. 이화학당은 여학생도 체력을 길러야 한다고 강조했기에 농구와 배구를 비롯한 다양한 체육 활동을 가르쳤습니다. 그리고 바느질이나 빨래, 다듬이질 같은 집안일도 배워야 했습니다.

관순은 학교생활에 빠르게 적응했습니다. 하지만 관순에게 가장 큰 기쁨은 일요일이었습니다.

"관순아, 어서 가자."

"응, 언니."

관순은 단정하게 옷을 입고 성경책을 든 뒤 유예도를 따라나섰습니다. 이들이 가는 곳은 학교에서 샛문으로 나와 길만 건너

가면 있는 정동교회였습니다. 이화학당 학생들은 일요일이면 정동교회에 가서 예배를 보았던 것입니다. 색색의 옷을 입고 곱게 땋은 머리에 붉은 댕기를 흔들며 여학생들이 모여드는 모습은 장관이었습니다. 유관순은 교회에 가면 우리나라와 우리 겨레를 위해 간절한 마음으로 기도했습니다.

'하나님. 하루빨리 일본인들의 손에서 벗어나서 독립된 나라가 될 수 있게 도와주세요.'

교회에서 예배가 끝나면 관순은 서울 시내를 구경하거나, 다정한 언니들이나 친구들과 마음속에 담아 두었던 이야기를 털어놓으며 우정을 나눴습니다. 유달리 생각이 깊었던 관순은 다른 사람을 돕거나 보살피는 일에 늘 앞장섰습니다.

그런가 하면. 어린 시절의 시원스럽고 괄괄한 성격도 그대로 남아 있었습니다. 기숙사 담을 넘는 일도 언제나 관순이 도맡아 했습니다. 하루는 저녁때 친구들과 도란도란 이야기를 나누는데. 담 너머 길가에서 만두 장사가 지나가는 소리가 들렸습니다.

"만두가 따끈따끈!"

당시 고학생들은 이렇게 밤에 만두를 팔곤 했습니다. 관순은

문득 고학생을 돕고 싶다는 마음이 일었습니다.

"우리 만두 사 먹자. 보아 하니 만두를 하나도 못 파는 것 같은데."

조금씩 모은 돈을 가지고 관순은 낮은 쪽 담을 훌쩍 넘었습니다. 그렇게 해서 고학생에게 만두를 잔뜩 사서 가지고 들어오는데, 누군가 불쑥 나타났습니다.

"누구냐?"

기숙사 사감인 하란사 선생님이었습니다.

"이런 경을 칠 녀석들 같으니라고······."

하란사 선생님은 야단을 치며 만두를 빼앗았습니다.

"선생님, 고학생이 불쌍해서 만두를 좀 사 주려고 했어요."

일본과 미국으로 유학을 다녀온 지식인 여성인 하란사 선생님은 일부러 욕도 하고 드세게 굴었습니다. 하지만 학생들은 이런 것도 모두 선생님이 자기들을 사랑하기 때문이라는 사실을 알고 있었습니다. 고학생을 도우려 했다는 말에 선생님은 고개를 끄덕였습니다.

"좋다. 이번만 용서해 주겠다."

"야호!"

관순과 친구들은 모두 기뻐서 환호성을 질렀습니다.

유관순은 이렇게 장난기가 많았지만, 일본의 억압에서 우리 민족이 떨쳐 일어나야 한다고 다짐하며 공부도 열심히 했습니다. 이화학당 학생들은 너나할 것 없이 나라를 빼앗은 일본에 대해서 철천지원수라는 감정을 강하게 품고 있었던 것입니다.

고종 황제가 돌아가시다

"우리 조선이 깨어나려면 여성부터 깨어나야 합니다. 높은 교육을 받는 여성에게는 우리 민족을 일깨워야 할 의무가 있는 것입니다."

졸업식장의 무대에 올라가 낭랑하게 한국어와 영어로 연설을 하는 여학생은 이화학당 대학과 졸업생이었습니다.

그 연설을 듣고 있던 졸업생들은 모두 숙연해졌습니다. 자신이 학교를 졸업하는 것은 개인이 졸업하는 게 아니라는 생각이 들어서였습니다. 한 사람의 이화학당 졸업생을 만들기 위해 수많은 사람들이 힘을 모았다는 걸 다시금 깨달아야만 했습니다.

그 가운데에서도 입술을 깨물면서 눈물을 흘리는 학생이 있었으니, 그는 바로 유관순이었습니다.

1918년 3월 18일, 유관순은 이화학당 보통과를 졸업하고 다음 달에 이화학당 고등과에 진학하게 되었습니다. 졸업식이 거행된 곳은 평소에 자주 다니던 정동교회 예배당이었습니다.

이화학당이 관순에게 지식인의 사명감을 일깨워 준 곳이라면, 정동교회는 관순에게 민족정신을 가르쳐 준 곳입니다. 특히 손정도 목사는 이화학당과 배재학당의 젊은 학생들에게 애국심을 심어 주었습니다. 어두운 시대였지만, 손 목사는 일요 예배 때마다 학생들에게 용기와 희망을 일깨웠습니다. 이후 손 목사는 중국으로 망명하여 3·1운동 직후에 세워진 대한민국 임시정부에서 독립운동을 계속했습니다.

손정도 목사의 후임으로 온 이필주 목사도 이에 못지않은 사람이었습니다.

"나는 민족을 위해서라면 열 번, 백 번이라도 죽을 각오가 되어 있습니다. 여러분도 그럴 준비가 되어 있습니까?"

예배 시간에 그런 말을 들으면 관순의 피는 끓어올랐습니다.

"네!"

"여러분도 예수님을 본받아 민족을 섬기겠습니까?"

"네, 섬기겠습니다!"

관순은 설교를 들으며 일본에게 나라를 빼앗기고 고통받는 우리 겨레의 모습이 더욱 생생하게 떠올랐습니다. 그럴 때마다 관순은 주먹을 불끈 쥐었습니다.

'왜 일본인들은 남의 나라에 와서 떵떵거리며 살고, 우리는 이렇게 저들의 종이 되어서 살아야 하지? 우리 동포들을 구할 수 있는 방법은 무엇일까?'

관순은 우리나라를 식민지로 삼아 괴롭히는 일본 제국주의자들이 미웠습니다. 관순의 가슴속에는 반일 감정이 더욱 강하게 자리 잡았습니다.

'일본을 몰아내야 해. 그것만이 우리가 살 길이야.'

이런 생각을 하고 있는 사람은 관순만이 아니었습니다. 겉으로는 잘 드러나지 않았지만, 조용히 타오르는 들불처럼 이화학당의 젊은 학생들에게 분노의 감정이 널리 퍼져 나갔습니다. 이런 분노는 계기만 주어지면 언제라도 폭발할 지경이었습니다.

그런 사건은 생각보다 빨리 터졌습니다. 1919년 1월 21일이었습니다. 학교 밖의 공기가 뒤숭숭했습니다.

"밖에 무슨 일 있니?"

"몰라. 무언가 일어났나 봐."

"무슨 일?"

"글쎄? 잘 모르겠어."

그때였습니다. 밖에 심부름 갔다 온 친구 순분이가 숨이 턱에 차서 기숙사로 뛰어들어 왔습니다.

"큰일이야, 큰일!"

순분이는 울상이 되어 아이들에게 소식을 전했습니다.

"무슨 일이야?"

"황제 폐하께서 돌아가셨대."

"뭐? 그게 무슨 말이야?"

"돌아가셨다고! 지금 온통 난리야."

학생들은 모두 가슴 한구석이 무너져 내리는 듯한 느낌이었습니다. 그래도 지금까지는 고종 황제가 살아 계셔서 마음으로나마 의지하고 있었는데. 이렇게 돌아가시다니!

아직도 사람들은 우리나라를 조선이라고 부르고 있었지만, 고종은 1897년에 나라 이름을 대한제국으로 바꾸고, 임금을 황제로 바꾸어 불렀습니다. 비록 1910년 일본에게 나라를 빼앗기고 말았지만. 이 이름은 3·1운동 직후인 1919년 4월 13일 중국 상하이에서 독립운동가들이 세운 대한민국 임시정부로 이어졌습니다.

"아이고. 아이고!"

다음 날. 고종 황제가 돌아가셨다는 발표가 나오자 온 나라는 울음바다가 되고 말았습니다.

"이를 어쩌나! 그래도 황제 폐하가 계셔서 다시 나라를 되찾을까 기대했는데······."

"이제 우리나라는 완전히 일본 놈들에게 먹히고 말았어."

상투 튼 노인들이 주저앉아 마구 땅을 치며 통곡을 했습니다. 그 모습을 보는 젊은이들도 눈물을 흘렸습니다. 그야말로 어버이 잃은 설움이고, 지도자를 잃은 백성들의 슬픔이었습니다.

"황제 폐하께서 독살되셨대."

"독살? 누가 음식에 독약을 탔다는 거야?"

"누구겠어. 일본 놈들이 그런 악독한 짓을 한 거지."

"이런 죽일 놈들."

고종 황제가 독살되었다는 소문이 갑자기 퍼지기 시작했습니다. 그러자 식민지 통치를 받던 힘없는 백성들의 분노가 하늘을 찔렀습니다. 이제 더 이상 희망도 보이지 않았습니다.

그런 소식을 전해 들으며 관순도 친구들과 이야기를 나누었습니다.

"이대로 당하고 있어야 하는 거야?"

"도저히 참을 수가 없어."

관순은 친구들과 울분을 토하며 눈물을 흘렸습니다. 무슨 행동이든 해야 할 것만 같았습니다.

만세 운동에 참여하다

나라 안팎으로 분위기가 심상치 않았습니다. 당시만 해도 서양의 힘센 나라들이 힘 약한 다른 나라들을 빼앗아 식민지로 삼고 있는 경우가 많았습니다. 그런데 이즈음에 미국의 윌슨 대통령이 민족자결주의라는 선언을 했습니다. 민족자결주의란 어느 나라의 운명은 그 나라의 민족이 결정할 수 있다는 사상이었습니다. 그렇다면 식민지가 된 민족도 자기 나라를 침략한 제국주의 국가로부터 독립을 주장할 수 있겠지요.

우리나라의 독립운동을 이끄는 지도자들은 이를 우리 민족이 해방되는 기회로 살리고자 했습니다. 그래서 천도교의 손병희,

기독교의 이승훈 등 종교 지도자들과 불교계의 한용운까지 힘을 합쳐 모두 33명의 민족 대표가 독립선언문을 발표하기로 한 것입니다.

1919년 3월 1일, 정오가 되자 서울을 비롯한 여러 도시에서 독립 선언식이 이루어졌습니다. 민족 대표들은 종로의 탑골공원에서 선언식을 하기로 했습니다. 하지만 자칫 독립 선언과 만세 운동이 무력으로 번지면, 그곳에 모인 수많은 사람들이 피해를 입을까 봐 우려했습니다. 그래서 민족 대표들은 종로의 태화관이라는 음식점에서 최남선이 쓴 독립선언문을 낭독했습니다.

이때, 가까운 곳의 탑골공원에는 이미 수많은 사람들이 모여 있었습니다. 서울 시내 학교의 학생들도 대부분 이곳에 나와 있었습니다. 그러나 약속된 시간이 되어도 민족 대표들이 나타나지 않자, 마침내 한 청년이 학생 대표로 나서서 독립선언문을 우렁차게 읽었습니다.

"우리는 이제 조선이 독립국이며 우리 조선인이 자주민임을 선언하노라. 이것으로써 자손만대에 일러 겨레가 스스로 존재하는 마땅한 권리를 영원히 누리도록 하노라. 반만년 역사의 권

위를 의지하고 이것을 선언하는 터이며, 이천만 민중의 충성을 모아 이것을 널리 알리는 터이며, 겨레의 한결같은 자유 발전을 위하여 이것을 주장하는 터이며, 사람 된 양심의 발로로 말미암아 세계 개조의 큰 기운에 순응해 나가기 위하여 이것을 드러내는 터이니, 이는 하늘의 명령이며 시대의 대세이며 온 인류가 더불어 같이 살아갈 권리의 정당한 발동이므로, 하늘 아래 그 무엇도 이것을 막고 누르지 못할 것이라!"

"조선 독립 만세! 조선 독립 만세!"

독립선언문 낭독이 끝나자, 그 자리에 모인 사람들은 하늘과 땅이 울리도록 우렁차게 만세를 외쳤습니다. 그리고 탑골공원 앞 종로 거리를 가득 메우고 커다란 파도가 일렁이듯 행진을 시작했습니다. 사람들은 뜨겁게 눈물을 흘리며 목이 터져라 만세를 외쳤습니다.

"소복 입고 검정 댕기 드리고, 교문 앞으로 모여라."

이화학당에서도 누군가 외쳤습니다. 그 말을 듣고 안절부절 못하던 유관순은 벌떡 일어났습니다.

"그래! 우리도 나가서 만세를 외치는 거야!"

　관순은 하얀 저고리와 하얀 치마를 입고 검정 댕기를 맨 뒤, 부리나케 기숙사를 나섰습니다. 비슷한 생각을 하며 울분에 차 있던 이화학당 여학생들은 같은 복장을 하고 나와 교문을 향해 내달렸습니다. 교문을 열고 나가서 힘차게 만세를 부를 생각을 하니 관순은 가슴이 설레었습니다. 이미 거리에서는 만세 소리가

하늘과 땅에 울리고 있었습니다. 이화학당 학생들은 교문을 막고 있는 수위 이 서방과 실랑이를 벌였습니다.

"아저씨, 문 열어 주세요!"

"열어 주세요. 밖에 나가야 해요."

이 서방은 두 팔을 대자로 벌려 막고 서서 말했습니다.

"교장 선생님이 절대로 열어 주지 말랬어. 나는 교장 선생님 명령을 따라야 해."

"우리도 함께 만세를 불러야 해요."

"아무튼 나는 열어 줄 수 없어."

이 소식이 교장인 프라이 선생님에게도 전해졌습니다. 학생들을 끔찍이 아끼는 프라이 선생님은 교문 앞으로 허둥지둥 달려왔습니다.

"여러분. 진정해요. 여기는 학교입니다. 학교는 공부하는 곳이에요. 나도 여러분 심정은 잘 압니다. 하지만 여러분이 지금 밖으로 나가면, 일본 순사들에게 죽거나 다치거나 체포당합니다. 나는 여러분을 우리 학교에 받을 때. 여러분을 안전하게 보호하겠다고 부모님들에게 약속했습니다. 나는 그 약속을 지켜야 합니다."

그러자 학생들이 나섰습니다. 거기엔 유관순도 있었습니다.

"교장 선생님. 나라가 망했는데 학교가 다 무슨 소용입니까? 지금 나라를 살리기 위해 온 백성이 나서고 있습니다. 저희도 힘을 보태야 합니다."

"아닙니다. 아닙니다. 나라가 망했기 때문에 학교가 더 필요합니다. 지금 여러분은 아무 힘도 없어요. 헛되이 희생만 될 뿐입니다. 절대 내보내 줄 수 없어요."

"나가야 합니다. 비켜 주세요."

프라이 교장 선생님은 두 팔을 크게 벌리고 학생들에게 말했습니다.

"나를 밟고 나가고 싶으면 나가시오. 여러분이 한 명이라도 다치는 모습을 볼 수가 없습니다."

너무도 완강한 교장 선생님을 보며 유관순은 흥분했습니다.

"선생님은 외국인이라서 그렇습니다. 우리가 일본인들에게 당한 서러움을 아십니까?"

뭐라 말해도 프라이 선생님은 꼼짝하지 않았습니다. 방법을 바꾸어야 했습니다.

"애들아, 교문으로만 나갈 수 있는 건 아니야. 내가 봐 둔 곳이 있어."

관순은 만두를 사러 갈 때 이용했던 담장으로 친구들을 데리고 갔습니다. 그곳은 비교적 넘어가기 쉬운 곳이었습니다. 덩치 큰 서명학이 담벼락 밑에서 엎드려, 친구들이 등을 밟고 담을 넘어가게 해 주었습니다. 서명학은 뒷날 이화여자고등학교 교장이 된 사람입니다. 유관순과 친구들은 낮은 뒷담을 넘어 거리로 뛰쳐나갔습니다.

학교 밖은 온통 만세 소리로 가득 차 있었습니다.

"조선 독립 만세! 조선 독립 만세!"

유관순과 친구들은 가슴속에서 뜨거운 감동과 기쁨을 느꼈습니다. 그동안 일본 경찰들과 헌병들이 두려워 숨도 크게 못 내쉬고 살았습니다. 그러다가 이렇게 터질 듯한 만세 소리를 듣자 가슴이 너무 벅차 마구 눈물이 쏟아졌습니다.

"만세! 만세!"

목청이 터져라 유관순도 만세를 외쳤습니다. 온몸에 쌓여 있던 서러움이 한꺼번에 터져 나오는 것 같았습니다. 거리는 끝이 보이지 않을 정도로 만세를 부르는 사람들이 가득했습니다. 태극기를 그려 와서 힘차게 흔드는 사람들도 있었습니다. 그렇게 하루 종일 만세를 부르며 돌아다닌 유관순은 가슴이 다 후련했습니다.

1919년 3월 1일은 우리 겨레의 독립과 해방의 가능성을 보여 준 날이었습니다. 행렬은 커다란 물결을 이루며 서울의 거리를 온통 메웠고, 남녀노소 할 것 없이 모두 독립을 위해 만세를 외쳤습니다. 이날의 만세 운동은 세계사에 길이 남을 큰 사건이었습니다.

그날 오후, 유관순과 친구들은 무사히 학교로 돌아왔습니다. 하지만 만세를 외치기 전의 유관순과 외치고 난 후의 유관순은 완전히 달라졌습니다. 자신이 갈 길은 오로지 조국의 독립을 위해 온몸을 바치는 것임을 깨달았기 때문입니다. 나라를 되찾는 일에 목숨을 바치겠다는 결심이 확고해진 것입니다.

관순과 친구들은 프라이 교장 선생님에게 막혀 학교에 남아 있던 학생들에게 교문 밖의 상황을 설명해 주었습니다.

"거리를 가득 메우고 사람들이 만세를 부르는데, 나는 정말 가슴이 터지는 줄 알았어."

"이렇게 기쁜 날은 처음이야."

"이젠 죽어도 여한이 없어."

이런 이야기를 자세히 들은 나머지 학생들은 다음에는 꼭 자기들도 나가야겠다고 생각했습니다. 며칠 뒤인 3월 5일에 남대문역(지금의 서울역) 앞에 모여 시위를 하기로 했다는 계획을 들었기 때문입니다.

다시 모이기로 약속한 3월 5일 아침이 되었습니다. 유관순은 서명학, 국현숙, 김복순, 김희자와 함께 담장을 넘었습니다. 관순은 이 친구들과 '5인 결사대'라는 이름의 모임도 만들었습니다. 다른 학생들 십여 명도 이들의 뒤를 따랐습니다.

이들이 남대문역에 다다랐을 때에는 이미 수만 명의 사람들이 아침부터 모여 있었습니다. 용감한 학생들이 먼저 나서서 외쳤습니다.

"동포 여러분, 이제 우리를 묶었던 압박의 쇠사슬을 끊읍시다! 이 땅에서 일본 놈들이 하나도 남지 않고 물러갈 때까지 만세를 부릅시다!"

"우리나라는 어엿한 독립국입니다. 어느 나라도 우리를 지배할 수 없다는 걸 온 세상에 알립시다!"

남학생들이 앞장서서 외치는 소리는 듣는 사람들의 피를

끓게 했습니다. 만세 소리는 기름에 불을 붙인 것처럼 퍼져 나갔습니다. 남대문역 앞에 모인 수많은 사람들은 모두 눈물을 흘리며 목청껏 만세를 불렀습니다.

그런데 그때 일본의 기마순경대가 말발굽 소리와 함께 들이닥쳤습니다. 말 위에 높이 탄 그들은 보기만 해도

무서웠습니다.

"폭도들을 진압하라!"

기마순경대는 말을 거칠게 몰며 만세를 부르는 사람들 사이로 뚫고 들어왔습니다.

"아악!"

"으윽!"

말발굽에 채인 사람들이 비명을 질렀습니다. 일본 순경대는 총과 칼을 마구 휘두르면서 아무 무기도 없는 우리나라 사람들을 짓밟았습니다. 순식간에 남대문 앞은 아비규환이 되었습니다. 몽둥이에 맞아 터지고 깨진 사람들의 피가 튀어서 흰 옷을 붉게 물들였습니다. 평화롭게 만세를 부르며 행진하던 사람들은 일본 순경대에게 두들겨 맞으며 이리저리 쫓겼습니다. 이들 중에는 유관순도 있었습니다. 관순은 종로6가 근처에서 잡혔습니다.

"너도 만세꾼이지?"

"놔라!"

"어림없는 소리! 너같은 것들은 혼구녕이 나야 해!"

유관순은 그대로 체포되어 남산에 있는 경무총감부로 끌려갔습니다. 이화학당의 학생들도 이미 많이 붙잡혀 있었습니다.

"어머, 관순아. 너도 왔구나!"

"다친 곳은 없니?"

먼저 온 친구들이 안부를 물었습니다.

"그래. 분하게도 잡히고 말았어."

"학생들은 보이는 대로 모조리 잡아왔대."

이런 소식이 금세 이화학당으로 전해졌습니다. 그러자 이화학당의 외국인 선생님들이 경무총감부로 달려 왔습니다. 그들은 외국인이기 때문에 일본 경찰도 함부로 하지 못했습니다.

"우리 아이들을 내놓으시오! 안 그러면 이곳에서 한 발짝도 움직이지 않을 것이오. 우리나라 정부에다 보고할 겁니다!"

조선 사람들에게는 극악무도하던 일본 경찰도 외국인 선생님들이 나타나서 항의하자 어쩔 줄 몰랐습니다. 사실 만세만 부른 것은 그다지 큰 죄가 아니었기 때문입니다. 길거리에서 노래를 크게 부른 것과 다를 바가 별로 없었습니다. 한참 시간을 끌다가 관순이 갇혀 있는 유치장의 문이 열렸습니다.

"이화학당 학생들은 다 나와라!"

유관순을 비롯하여 체포되었던 학생들은 모두 유치장 밖으로 나왔습니다. 선생님들이 다가와 몸을 살피며 물었습니다.

"어디 다치지는 않았니?"

"네, 괜찮아요."

선생님들이 학생들을 데리고 이화학당으로 돌아왔습니다. 다시는 이런 일이 없도록 하겠다는 각서를 선생님들이 일본 경찰에게 써 주었기 때문에 가능했습니다.

유관순은 처음으로 일본 경찰에게 체포되었지만, 아무렇지도 않았습니다. 조금도 두렵거나 무섭지 않았습니다. 아니, 오히려 가슴이 뿌듯했습니다. 우리나라가 독립을 할 수 있다면, 자신은 어찌 되어도 상관없다고 생각했습니다.

선생님들을 뒤따라가는 친구들은 저마다 오늘 겪었던 일들을 소곤소곤 이야기했습니다. 그러면서 서로 눈빛을 교환했습니다. 기회가 닿으면 또다시 만세를 부르기로 약속하는 것이었습니다.

그러나 이를 그냥 보고만 있을 일본 경찰이 아니었습니다. 3월 10일, 갑작스럽게 학교 휴교령이 내려졌습니다. 당분간 학교의 문을 닫게 된 것입니다.

고향에서 다시금

남대문역을 출발한 기차가 덜컹거리며 한강 철교를 건너 달리고 있었습니다. 겨울은 지났지만 아직 봄이 오지 않아 황량한 창밖의 풍경을 보면서 유관순은 무슨 생각에 골똘히 빠져 있었습니다.

이날은 3월 13일이었습니다. 사흘 전에 학교가 휴교를 하여, 관순은 친구들과 함께 고향으로 가는 중이었습니다. 사촌언니 유예도, 친구 김복희, 이정수가 함께 있었습니다. 유관순과 유예도는 천안에서 내릴 예정이었고, 이정수는 목적지가 대전이었습니다.

덜컹덜컹. 기차가 철로 위를 달리는 소리를 듣다가 유관순이 갑자기 물었습니다.

"이 소리가 어떻게 들려?"

"칙칙폭폭 아니야?"

이정수가 대답했습니다.

"내 귀에는 조선 독립, 조선 독립, 이렇게 들려."

두 사람은 고개를 끄덕였습니다.

"그렇게 들으니 정말 그런 것도 같네."

"조선, 독립, 조선, 독립······."

친구들은 기차 바퀴 소리에 맞추어 조선 독립, 조선 독립을 외쳤습니다. 다른 손님들은 아무 말도 하지 않았습니다. 이미 만세 운동이 온 나라에 퍼졌다는 걸 알고 있었기 때문입니다. 그런데 황급하게 옆 칸에서 차장이 달려 왔습니다.

"학생들, 제발 이러지 마. 이러면 나까지 잡혀가."

차장은 통사정을 했습니다. 학생들이 계속 만세를 외치면 즉시 신고를 해야 하는데, 그러면 기차도 당연히 멈출 수밖에 없었습니다. 학생들을 체포하러 순사들이 들이닥치기 때문입니다.

"알았어요. 안 할게요."

"부탁이야. 제발 조용히 갈 수 있게 해 줘."

그러나 차장이 다른 칸으로 옮겨 가자, 관순과 일행은 다시 조선 독립을 외쳤습니다.

이렇게 유관순과 친구들이 고향으로 내려가게 된 것은 학교가 당분간 문을 닫게 되었기 때문이기도 하지만, 각자 고향으로 가서 만세 운동을 해야 한다고 생각했기 때문입니다.

"우리나라가 독립하면 그때 만나자."

천안역에서 사촌 언니 유예도와 내리며 관순은 친구들에게 이렇게 말했습니다. 하지만 이 말이 정다운 친구들과 나누는 마지막 인사가 될 줄은 그 누구도 몰랐습니다.

유예도와 유관순은 집까지 걸어가면서 많은 이야기를 나누었습니다.

"독립된 나라에서 행복하게 공부할 수 있다면 얼마나 좋을까?"

"그러게 말이야. 언니, 우리 꼭 우리나라의 독립을 찾도록 노력해."

둘은 학교에서 배운 독립창가를 부르며 기운을 내려 애를 썼습니다.

아시아의 대조선국
자주국이 분명하다

어기여차 애국하세
나라 위해 목숨 바쳐
우리 정부 떠받들고
우리 국민 도와주세.

하지만 고향에 돌아온 유관순은 실망하지 않을 수 없었습니다. 만세 운동으로 서울이 그토록 들끓었던 것에 비하면 고향은 너무 조용했기 때문입니다.

'아, 이러니 독립이 안 되지. 서울은 온통 끓어 넘치는데, 여기는 너무 조용해.'

아무 일도 모른 채 조용히 지내고 있는 고향 사람들을 보니 관순은 속이 부글부글 끓었습니다. 다행히도 다음 날인 3월 14일에 학생들이 태극기를 들고 목천보통학교에서 만세를 불렀습니다. 이들은 독립 만세를 부르며 읍내를 누볐지만, 이내 헌병들에게 체포되고 말았습니다.

주일 예배를 드리고 나서 관순은 교회에 모인 마을 어른들에게 말했습니다.

"지금 서울에서는 난리가 났습니다. 수많은 사람들이 만세를 부르다가 잡혀갔고, 죽거나 다쳤습니다. 우리 모두가 일어나 맞장구치지 않으면 독립을 이룰 수 없어요."

자신이 직접 보고 들은 만세 운동에 대해 관순은 눈물을 흘리며 설명했습니다.

"말발굽으로 우리 조선 사람들을 마구 짓밟은 건 우리를 개와 돼지처럼 보기 때문입니다. 이러고도 그냥 침묵하는 건 사람의 도리가 아닙니다."

"옳아!"

"우리가 이대로 가만히 있을 수는 없어!"

"뭔가 해야 해. 일어나 싸워야 해."

모두들 만세를 부르기로 결정했습니다. 정해진 날짜는 4월 1일이었습니다. 아우내에서 장이 열리는 날이었기 때문입니다.

"좋아. 그날이 마침 음력으로 3월 1일이야."

"그래, 좋아!"

그리하여 서둘러 만세 운동을 준비했습니다. 아우내 장터를 중심지로 삼고, 인근 마을에 연락할 사람들을 모두 정했습니다. 부근에 있는 안성, 진천, 청주, 연기, 목천 등의 고을에서도 모두 몰려와서 만세를 부르기로 굳게 약속이 되었습니다. 연락망이 만들어지고, 저마다 치밀하게 준비를 했습니다. 유관순과 유예도가 직접 만세 운동을 경험한 것이 큰 역할을 했습니다.

"아주머니들처럼 머리에 수건을 쓰고 다니면 될 것 같아요.

학생이 왔다 갔다 하면 의심을 받을 테니까."

"마을마다 연락을 하려면 일본 경찰들에게 의심을 받지 않아야 해."

"마지막 연락은 우리 집 뒤에 있는 매봉에서 할게요."

유예도는 몸이 아파 먼 거리를 다닐 수 없었습니다. 그래서 유관순이 혼자서 밤에 마을들을 돌아다니며 연락을 취했습니다. 관순은 독립선언문을 구하기 위해 다시 한 번 서울에 다녀오기까지 했습니다. 그리고 부녀자들과 함께 밤을 새워 가며 태극기를 수백 장이나 몰래 만들었습니다.

그리고 3월 31일 밤, 유관순은 짙은 어둠을 헤치고 집 뒤에 있는 매봉산을 올랐습니다. 얼마 뒤, 불이 밝혀졌고, 곧 이어 산봉오리마다 불길이 올랐습니다. 이제 날이 밝으면 아우내 장터에서 만세 운동이 벌어질 것이었습니다.

감옥에서의 투쟁

 서울의 서대문 감옥은 뒤로 높은 산이 있었습니다. 밤이 되어 사방이 깜깜해지자, 주변의 산봉우리에서 횃불이 하나 둘씩 켜지기 시작했습니다. 그리고 메아리처럼 만세 소리가 들려왔습니다.
 "만세! 만세!"
 만세 운동은 이렇게 아직도 사그라지지 않고 있었습니다. 그들은 서대문 감옥에 갇힌 독립운동가들을 격려하기 위해 횃불을 켜고 만세를 불렀습니다.
 "이대로 주저앉을 수 없어."

만세 소리가 아련하게 감방의 창살 안으로 들어오자, 누워 있던 유관순은 불편한 몸을 억지로 일으켰습니다. 잡혀오기 전 칼에 찔린 상처가 완전히 낫지 않았고, 고문을 당해 생긴 상처에서는 고름이 쏟아져 나왔습니다. 그런데도 힘들게 몸을 일으킨 유관순은 창살을 붙들고 외치기 시작했습니다.

"조선 독립 만세! 일본 놈들은 물러가라!"

그러자 다른 방에 갇혀 있던 사람들도 일어나서 창살 앞으로 다가와 소리를 지르기 시작했습니다.

"만세! 만세!"

한밤중의 교도소는 순식간에 만세 소리로 뒤덮였습니다. 감옥에 있는 죄수들은 소리 내어 떠들거나 구호를 외치면 안 된다는 것이 규칙이었습니다. 하지만 관순은 그따위 규칙에 굴하지 않았습니다. 만세 소리가 울려 퍼지자, 간수들이 기다렸다는 듯 달려왔습니다.

"유관순이 또 시작이구나! 끌어내라!"

간수들이 감방 문을 열고 관순을 끌어냈습니다. 관순은 제대로 서지도 못하고 복도에 쓰러졌습니다.

"네까짓 것들이 뭔데 만세를 부르느냐?"

간수들은 병든 관순의 몸을 몽둥이로 두들겨 패고 함부로 짓밟았습니다. 짐승도 그렇게 때리지는 않았을 것입니다.

무자비한 간수들의 주먹과 몽둥이에 시달리면서도 유관순은 굴하지 않았습니다.

"으윽! 조선. 독립. 만세!"

그날 밤. 피투성이가 되도록 맞고 돌아오자 함께 감옥에 들어와 있던 이화학당의 박인덕 선생님이 달래듯 말했습니다.

"관순아. 너 이러다 죽는다. 만세 부르는 건 좋으나. 몸만 다치지 않니? 그리고 네가 살아서 나가야 독립운동도 계속 할 수 있단다."

이것이 바로 그 유명한 유관순의 옥중 만세 운동이었습니다. 관순은 재판을 받을 때에도 법정에서 맞서 싸웠습니다.

"너는 학생으로서 학업에 충실해야 할 것이 아닌가? 쓸데없이 만세 운동에 휩쓸려 정신을 못 차리고 있는 이유가 뭔가?"

일본 재판관이 죄를 묻자. 관순은 이렇게 말했습니다.

"나는 빼앗긴 나라를 찾으려 했을 뿐이다. 그런데 어찌 너희들은 평화롭게 만세 부르는 우리들에게 총칼을 들이대느냐?"

어린 학생의 주장이라고 할 수 없을 정도로 또렷하고 논리 있는 주장이었습니다.

"죄가 있다면 너희들에게 있는 것이지. 우리 조선 백성이 무슨 죄가 있느냐? 빼앗긴 것을 되찾는 것도 죄라면, 빼앗은 놈은 도대체 죄가 얼마나 크다는 말이냐?

열일곱 살 소녀가 이처럼 당당하게 주장을 하자, 재판관은 할 말을 잃었습니다. 유관순을 굴복시키지 못한 재판관은 유관순에게 3년형이라는 무거운 벌을 내렸습니다. 법정에 서면 대체로 두려워하고 눈치를 살피면서 자신의 잘못을 빌게 되는데, 그렇지 않은 것을 괘씸하게 여긴 것입니다. 그런데도 관순은 뜻을 굽히지 않고, 감옥에서 계속 만세를 불렀습니다.

"으음......"

간수들에게 맞은 뒤에 새로 난 상처 때문에 몸은 더욱 고통스러웠습니다. 의식을 잃을 때도 많았습니다.

그러던 어느 날, 이화학당의 월터 선생님이 찾아왔습니다.

"유관순, 면회!"

간수가 관순을 불러냈습니다. 한때 같이 감옥 생활을 했던 김현경과 오빠 유우석을 데리고 월터 선생님이 찾아온 것입니다. 관순은 이들을 면회실에서 만났습니다. 하지만 이미 병이 심해

져서 관순은 잘 걷지도 못했습니다. 얼굴이 형편없이 부어 있었고, 상처는 낫지 않아 썩어 들어갔습니다. 그것을 본 사람들은 모두 눈물을 흘렸습니다.

"관순아, 어쩌다 이렇게까지······."

관순은 힘없는 목소리로 말했습니다.

"오빠, 나 많이 아파요."

"어떻게 된 거니? 왜 이렇게 몸이 안 좋아?"

관순은 어찌된 사정인지 말할 수가 없었습니다. 간수가 귀를 쫑긋 세우고 엿듣고 있기도 했지만, 감옥에서 있었던 일들을 있는 그대로 이야기하면 오빠가 너무 걱정할 것 같았기 때문이었습니다.

"이보시오. 이렇게 사람이 다 죽어 가는데, 풀어 주어도 되지 않겠습니까?"

월터 선생님이 간절하게 애원했습니다. 관순을 감옥에서 나오게 해서 병원에 입원시키는 것이 무엇보다 급했기 때문입니다. 그러나 일본인 간수는 꿈쩍도 하지 않았습니다.

"악질범이오. 절대 풀어 줄 수 없소."

"왜 불쌍한 아이를 감옥에 가둡니까? 이제는 내보내도 되지 않습니까? 병원에 입원할 수 있도록 가출옥을 시켜 주십시오."

"그렇게 할 수 없소. 매번 말썽을 부리기 때문에 풀어 주면 다른 사람들도 따라할 것이오."

월터 선생님은 결국 체념할 수밖에 없었습니다. 그래서 하는 수없이 마지막 부탁을 한마디 했습니다.

"관순이가 죽거든 우리한테 연락을 주세요. 우리가 책임지겠습니다."

면회 시간이 끝나고, 감옥 문이 다시 닫혔습니다. 관순은 다시 지옥 같은 감방 안으로 끌려들어갔습니다. 오빠 유우석과 일행은 멀어져가는 관순을 바라보고 있을 뿐이었습니다.

"흐흐흑!"

면회 온 사람들은 나라 잃은 설움이 어떤 것인지를 다시 한 번 뼈저리게 느끼며 주먹으로 눈물을 닦아야 했습니다. 식민지 조선에서는 나라 전체가 감옥이었습니다. 이렇게 사무친 억울함은 나라가 독립해야만 풀 수 있는 것이었습니다.

그해 가을의 어느 날이었습니다. 밖에서 이화학당의 교문을 두드리는 소리가 들렸습니다.

"문 열어 보시오!"

수위인 이 서방이 문을 열자, 들것을 든 사람들이 교문 안으로 들어왔습니다.

"아니, 이게 무엇이오?"

"서대문 감옥에서 이화학당으로 보냈소."

마당에 놓인 들것에는 시체가 하나 있었습니다. 이 서방이 담요를 걷어 보니, 붉은 죄수복을 입고 시신이 된 유관순이 누워 있었습니다.

"어머나! 세상에!"

이걸 본 학생들은 그 자리에 주저앉아 울음을 터뜨렸습니다. 소문을 듣고 달려온 학생들로 이화학당 교정은 온통 울음바다가 되었습니다.

"관순아, 네가 이렇게 죽어서 돌아오다니······."

"불쌍한 우리 관순아!"

"억울해서 어떻게 눈을 감니! 원통한 관순아, 흐흐흑!"

유관순은 누워서 꼼짝하지 않았습니다. 조국의 독립과 자유를 위해 관순은 만으로 열여덟 살도 안 된 꽃다운 나이에 목숨을 바쳤습니다. 이제 유관순에게는 더 이상 억압과 차별이 없는 저 세상만 있을 뿐이었습니다.

유관순의 호적에는 '1920년 9월 28일 오전 8시 20분 서대문 감옥에서 사망'이라고만 적혀 있습니다. 아버지 어머니도 이미 이 세상 사람이 아니었고, 거의 모든 일가친척들이 만세 사건 이후 체포되거나 몸을 피했기에, 유관순의 시신을 거두어 줄 사람마저 없었습니다. 그래서 관순은 꽃다운 시절 자신을 품어 주고 꿈을 키워 준 이화학당으로 돌아온 것이었습니다.

의사가 와서 관순의 옷을 칼로 찢어 벗기고 몸을 살폈습니다. 얼마 뒤, 의사가 한숨을 내쉬며 말했습니다.

"얼마나 맞았는지, 오줌보까지 터져 있군요."

의사의 말 한 마디가 관순의 감옥 생활을 모두 말해 주었습니다.

"으흐흑, 관순아! 관순아!"

"이제 가면 언제 오니, 관순아!"

이화학당의 학생들은 모두 애절하게 통곡하며 밤새 운동장에서 울었습니다. 이것이 우리 민족의 영원한 누이인 유관순을 보내는 모습이었습니다.

얼마 뒤인 10월 14일, 유관순의 장례식이 정동교회 예배당에서 있었습니다. 가족만 참석할 수 있다고 했지만 아버지 어머니마저 돌아가신 상태라, 오빠 유우석과 두어 명의 친척만 찾아왔습니다. 학생들도 대표 몇 명만 들어갈 수 있었고, 다른 조문객은 참석할 수 없었습니다. 자칫하면 이화학당 학생 유관순의 죽음으로 새로운 만세 운동이 벌어질까 봐 일본 경찰이 크게 걱정했던 것입니다.

유관순은 이제 학생들이 만들어 준 비단 옷을 입고 있었습니다. 그리고 가슴 위에는 친구들이 몰래 만든 태극기가 덮여 있었습니다.

"유관순의 죽음은 단지 이화학당 학생 하나의 죽음이 아닙니다. 우리 민족 전체의 죽음입니다. 하지만 우리는 이 죽음에 슬퍼하지 않습니다. 예수께서 부활하셨듯, 유관순은 다시 살아날 것입니다. 우리 민족의 가슴속에서 말입니다. 유관순이 우리 민족의 혼 안에서 살아날 때, 밝은 날은 반드시 올 것입니다."

정동교회 김종우 목사가 말한 '밝은 날'은 바로 우리 민족이 독립하는 그날을 뜻하는 것이었습니다. 일본 형사들이 알아듣지 못하도록 말을 돌려서 했지만, 그것은 바로 우리 민족의 독립이 꼭 오리라는 의미였습니다.

장례식이 끝나고, 수레에 실린 유관순의 관은 덕수궁 돌담길을 따라 움직였습니다. 그리고 이태원에 공동묘지에 도착한 유관순의 시신은 묘비도 없이 무덤에 묻혔습니다.

어린 소녀의 불꽃같은 삶이 이렇게 스러져 갔지만, 세상은 제대로 알지 못했습니다. 그런데 관순의 무덤을 찾아와 국화 한 송이를 바치고 떠난 소녀가 있었습니다. 소문을 듣고 왔지만, 장례식장에 들어가지 못하고 밖에서 내내 기다리다 따라온 거였습니다. 그 소녀는 시뻘건 흙으로 덮힌 봉분을 한참 동안 쓰다듬다가 말없이 떠났습니다.

마침, 새 한 마리가 하늘로 포르르 날아올랐습니다. 배 가운데로 넥타이 같은 줄무늬가 있는 박새였습니다.

그로부터 몇 년 뒤, 이태원 앞길을 넓히는 공사가 벌어졌습니다. 그런 바람에 길가에 있던 공동묘지의 무덤들은 다른 곳으로 옮겨졌습니다.

인부들은 무덤들을 파고 시신들을 되는대로 거두어, 다른 땅으로 옮겼습니다. 하지만 그곳에 묻혔던 이들 가운데 한 사람이 유관순이라는 사실을 그들은 모르고 있었습니다.

안타깝게도 새로이 옮겨진 유관순의 무덤이 어디에 있는지 아는 사람은 하나도 없었습니다. 우리 민족의 독립을 위해 온몸을 바친 유관순의 흔적을 이제는 찾아볼 수 없게 되었습니다. 우리들 마음속을 제외하고는 어디에서도요.

연표

1902년 12월 16일. 충청남도 목천군 이동면 지령리(지금의 충청남도 천안시 동남구 병천면 용두리)에서 아버지 유중권과 어머니 이소제의 5남매 중 둘째 딸로 태어나다.

1905년 강제로 을사늑약을 맺게 되어 일본에게 나라의 외교권을 빼앗기다.

1907년 일본의 압력으로 고종 황제가 퇴위하다.

1910년 8월 29일. 강제로 한일병합조약을 맺게 되어 일본에게 나라의 주권을 완전히 빼앗기다.

퇴위 즈음의 고종

1916년 감리교 선교사 사 부인(미국 이름은 엘리스 샤프)의 추천을 받아 이화학당 보통과 2학년으로 편입하다(1915년이라는 주장도 있다).

이화학당 시절의 유관순
(뒷줄 오른쪽 끝)

1918년 3월 18일 이화학당 보통과를 졸업하고, 4월 1일 이화학당 고등과에 진학하다.

이화학당 전경

1919년 3월 1일. 서울 탑골공원에서부터 독립 만세 운동이 시작되어 전국으로 퍼져 나가다.
학생들이 다칠 것을 걱정한 프라이 교장이 만류했으나, 유관순과 일부 학생들은 학교 담을 넘어서 3·1운동에 참여하다.
4월 1일. 유관순이 주도하여 아우내 장터에서 독립 만세 운동이 일어나다.

보신각에서의 3·1 운동

4월 13일. 망명한 독립운동가들이 중심이 되어 중국 상하이에서 대한민국 임시정부를 세우다.
5월 9일. 공주법원에서 5년형을 선고받았으며 6월 30일. 경성 복심법원에서 3년형을 선고받다.

1920년 3월 1일. 서대문 형무소에서 옥중 만세 운동을 주도하다.
9월 28일. 모진 고문으로 서대문 형무소에서 세상을 뜨다.

서대문 형무소

10월 14일. 정동교회에서 장례식이 거행되었고, 이태원 공동묘지에 묻히다. 이후 미아리 공동묘지로 이장되면서 위치를 알 수 없게 되다.

1920년 서대문 형무소에서 유관순

1989년 천안 매봉산 기슭에 유관순 초혼묘를 만들다.

고정욱 선생님이 들려주는 **유관순**
제1판 제1쇄 발행일 2013년 11월 20일
제1판 제3쇄 발행일 2021년 5월 31일

글쓴이·고정욱
그린이·이상권

펴낸이·곽혜영
주간·오석균
편집·최혜기
디자인·소미화
마케팅·권상국
관리·김경숙
펴낸곳·도서출판 산하 | 등록번호·제300-1988-22호
주소·03385 서울특별시 은평구 연서로 26길 27. 2층, 대한민국
전화·(02)730-2680(대표) | 팩스·(02)730-2687
홈페이지·www.sanha.co.kr | 전자우편·sanha0501@naver.com

글ⓒ고정욱, 2013
그림ⓒ이상권, 2013

ISBN 978-89-7650-418-0 74810
ISBN 978-89-7650-610-8 (세트)

＊이 도서의 국립중앙도서관 출판시도서목록(CIP)은 e-CIP홈페이지(http://www.nl.go.kr/ecip)와
  국가자료공동목록시스템(http://www.nl.go.kr/kolisnet)에서 이용하실 수 있습니다. (CIP제어번호:CIP2013022895)
＊이 책의 내용은 저자와 출판사의 동의 없이 사용할 수 없습니다.
＊8세 이상 어린이를 위한 책입니다.